Ensuit la Declaration desdites Terres, Fief, Seigneuries & Maisons saisies réellement.

PREMIEREMENT, La Terre & Seigneurie de Fresne en franc-aleu, circonstances & dependances.

La Terre & Seigneurie de Berny, circonstances & dependances, scis en la Paroisse de Fresne.

Le Fief de la Tour au terroir d'Anthony, circonstances & dependances.

Comme aussi la Ferme du Pont d'Anthony, où estoit cy-devant pour Enseigne la Croix Blanche, circonstances & dependances, & neuf vingts arpens ou environ en terres labourables, tant dehors le Parc de Berny que dedans en divers éndroits dudit Parc, prez, saussayes, & ladite maison y comprise tenus en fief.

Le Chasteau, Parc, jardin, courts, bastimens, fermes & moulin dudit Berny, le tout enclos de murs scis au terroir d'Anthony, tenant d'un costé au canal de Berny par où passe la riviere de Biévre, d'autre costé sur le grand chemin de Paris à Orleans, d'un bout par bas aux terres de Berny, & au chemin & avenuës qui conduisent & descendent du chemin de Berny à Orleans, & d'autre bout par haut aux terres de Berny presentement en sain-foing, & au ruisseau qui descend de la riviere de Biévre cy-dessus, au canal dudit Berny le tout contenant quatre-vingt cinq arpens ou environ dont partie en fief.

Enfuivent les terres & prez fcifes au terroir d'Anthony.

VN quartier de pré fcis prés le Pont aux afnes, tenant de part & d'autre aux prez du fieur de Lyonne, d'un bout au fieur Brutel, & d'au trebout au Pont aux Afnes.

Item, vingt-trois perches de pré fcifes au mefme lieu cy-deffus, tenans d'une part au fieur Millet, d'autre au foffé eftant du cofté du chemin allant Macy, d'un bout au fieur de Lyonne, d'autre bout aux ayans caufe du fieur Guillard.

Item, un quartier de pré fcis en ladite prairie, lieu dit la Foffe aux chevaux, tenant audit fieur de Lyonne d'un cofté, d'autre & d'un bout à Madame la Marefchalle d'Effiat, & par haut aufdits ayans caufe du fieur Gaillard.

Item, trois quarterons de pré qui eft 18. perches trois quarts de perches fcis audit lieu, tenans d'un cofté aux prez dudit fieur de Lyonne, tenus par Nicolas Morfant, d'autre aux prez de l'Eglife de Verrieres, d'un bout à la riviere dudit Anthony, d'autre bout à Iacques Auton.

Item, trois arpens dix-huit perches de pré, non compris le foffé, fcis en ladite prairie d'Anthony, lieu dit les faufays, tenant d'une part au fieur Millet, d'autre au foffé de Moru, d'un bout aux prez de l'Eglife de Macy, d'autre bout aufdits ayans caufe du fieur Gaillard.

Item, trois quarterons de prés fcis au deffus des faufayes, lieu cy-deffus, tenans d'une part aux prés de la Seigneurie d'Anthony, d'autre aux prés de ladite Eglife de Verriere, d'un bout au foffé de Moru, & d'autre bout à Iacques Auton.

Item, un quatier de pré, fcitué prés & au milieu de la prairie dudit Anthony, & proche un gros faulx, appartenans aux ayans caufe dudit Gaillard y tenans d'un cofté, d'autre aux prez Saint André des Arts, d'un bout aux prez de la Seigneurie dudit Anthony, & d'autre bout aux hoirs Boufficault

Item, un quartier audit lieu, tenant d'une part aux prez de l'Eglife de Macy, d'autre aufdits ayans caufe dudit fieur Gaillard, d'un bout au fieur Hautin, & d'autre bout à

Item, un quartier de' pré audit lieu, tenant d'une part aux prez de ladite Seigneurie d'Anthony, d'autre à Monfieur le Marquis d'Effiat, d'un bout aux prez de ladite Seigneurie d'Anthony, & d'autre bout à ladite Seigneurie.

Item, trois quartiers de prez fcis en ladite prairie, lieu dit la Cornette.

Item, un quartier de pré fcis en ladite prairie, lieu dit la Gravelle, tenant d'une part aux prez de faint André des Arts, d'autre part aux prez de la Seigneurie dudit Anthony, d'un bout à la riviere, & d'autre bout audit fieur de Lyonne.

Item, un demy arpent de pré borné de quatre bornes de pierre fcis en ladite prairie, & tenans aux vingt arpens de la Seigneurie dudit Anthony d'un bout, & d'autre part à la Dame Comteffe de Poully, d'autre bout au fieur Hautin.

Item, quarente-quatre perches de prez audit lieu tenant, au fieur Regnier, duquel cofté il y a deux bornes & des bois d'autre part aux prez dudit Antony, & d'autre bout à la Dame Maréchalle d'Effiat

Item, demy arpens fis en ladite prajrye, lieu dit lefcu de Breüil & prés la voye allant à Verrieres, tenant d'une part au fieur de Saintou d'autre part, aux prez de la Cure dudit Anthony, d'un bout à la voye des prez & d'autre bout audit fieur Regnier.

Item, demy arpens de pré audit lieu eftans en triangle, tenant d'un cofté à la Riviere dudit Anthony, d'autre aux prez de l'Eglife dudit Verriercs, d'un bout à la voye des prez, & d'autre bout à ladite Dame Comteffe Depoully.

Item, un arpent de prez fis audit Chantier de Lefcu de Breüil, tenans d'une part à ladite Riviere, d'autre part audit fieur Martin, d'un bout au fieur Millet & d'autre bout à la voye des prez.

Item, trois quatiers de prez faifant pointe fis au Chantier dit. le pré Garot, tenant d'une part à ladite Dame Comteffe Depoully, d'autre part & d'un bout aux hoirs bouficquaut.

Item, un quartier de pré fis au lieu dit la Tonne, tenans d'une part & d'un bout

auſdits hoirs bouſicquaut, d'autre part à la Riviere dudit Anthony, & d'autre bout à ladite Dame Comteſſe de Poully.

Item, trois quartiers de prez ſis au chantier dit Leboat, tenans d'une part aux terres labourables de Verrieres d'autre part au chemin qui conduit dudit Anthony audit
Verrieres.

Item, un arpens quarente-cinq perches de prez ſis en la prairie dudit Anthony lieudit labrevoir, tenans d'une part au ſieur Hautin, d'un bout aux prez dudit ſieur deLyonne
d'autre bout au moru à la boutiſſant d'un bas il y a deux bornes,

Item, quatre-vingt-ſeize perches de prez ſis au meſme lieu de l'abrevoir, tenans d'u-
ne part au foſſé du moru, d'autre part tenant à la piece cy-aprés declarée d'un bout &
d'autre, à ladite Dame Comteſſe de Poully.

Item, quatre-vingt dix perches de prez en ce meſme lieu, tenans d'une part à ladite
Dame Comteſſe de Poully, d'autre part à la Dame la Maréchalle|Deffiat, d'un bout à la
piece cy-deſſus, & d'autre bout à la piece cy aprés & au ſieur Barcault.

Item, un quartier & demy de pré ſis en ladite prairie dit Labrevoir, tenans d'une
part audit ſieur Barcault, d'autre part à ladite Dame Maréchalle Deffiat, d'un bout &
d'autre part aux prés cy-deſſus, qu'a celuy cy-aprés declaré.

Item, ſoixante & douze perches de prez ſis en ce meſme lieu, tenans d'une part à
ladite Dame Comteſſe de Poully, d'autre part & d'un bout à ladite Dame Mareſchalle
Deffiat, & d'autre bout à la Riviere dudit Anthony,

Item, demy arpent quatorze perches de prez en Triangle, ſis en ce meſme lieu
dit l'abrevoy, tenans d'une part & d'un bout aux prez dudit ſieur de Lyonne, d'autre
partau ſieur Saintou & d'autre bout à la Riviere dudit Anthony.

Item, quarente-cinq perches de prez en ce meſme lieu, tenans d'une part au ſieur de
Franc-lieu, aux prez dudit ſieur de Lyonne, d'un bout au ſieur Millet, d'autre bout à
ladite Dame Deffiat.

Item, un quartier de pré ſis en ce meſme lieu-dit l'abrevoir, tenans d'une part audit ſieur de Franclieu, d'autre à ladite Dame Deffiat, d'un bout au ſieur Charlet, &
d'autre bout au ſieur Millet.

Item, demy arpent de pré ſis au terroüer dudit Anthony lieudit Mermorte proche
le pavillon deſceaux, tenans d'une part aux terres tenuës par Morſan appartenant au
ſieur de Lyonne, d'autre part vers Sceaux a pluſieurs, d'un bout & d'autre aux prez tenus par le Receveur dudit Sceaux.

Item, trente ſept perches de prez, ſis au meſme lieu cy-deſſus, tenans d'une part
à la Dame de Grave, d'autre à pluſieurs, d'un bout au ſieur Tallon, & d'autre bout
à

Item, un arpent de pré appellé le pré carré ſitué proche le pont aux Aſnes.

Item, deux arpens trente perches de terres ſis au terroüer dudit Anthony lieudit
au deſſous de Froicul vers le Bourg-la-Reyne, tenans d'une part aux terres de la Cure
d'Anthony, d'autre part au ſieur Symonet, d'un bout à pluſieurs, d'autre bout au grand
chemin royal de Paris à Orleans.

Item, demy arpens cinq perches de terres ſis audit terroüer & meſme lieu tenant
d'une part au chemin ancien de Chartres à Paris, d'autre à Louys Bertellot. d'un bout
audit ſieur Symonnet & d'autre bout aux ſieurs Millet.

Jtem, quatre-vingt dix-ſept perches de terres ſis audit terroüer & meſme lieu, tenans d'une part audit ſieur Millet, d'autre part aux terres de la Seigneurie d'Anthony,
d'un bout à la piece cy-apres & d'autre bout à

Item, un arpent, trente-quatre perches deux tiers de perches de terre en hache audit terroüer & meſme lieu cy-deſſus prés la Croix de Berny, tenant d'une part aux terres
de la Seigneurie d'Anthony, d'autre au ſieur du Lacq, d'un bout à la piece cy-deſſus
& autres, & d'autre bout au grand chemin d'Orleans.

Item, demy arpent de terre ſis au meſme terroüer & meſme lieu cy-deſſus, tenans
d'une part aux terres de la Seigneurie dudit Anthony, d'autre au ſieur Symonnet, d'un
bout audit grand chemin, d'autre bout à pluſieurs.

Item, & ſur trois arpens quarante-huit perches ſis au terroüer d'Anthony lieudit
proche ladite Croix de Berny vis-à-vis le premier pavillon du clos dudit Berny, tenant
d'une part au ſieur Symonnet, d'autre aux terres tenuës par Symon Target d'un bout à
pluſieurs, d'autre bout au grand chemin Royal.

Item, & sur onze arpens quatre-vingt six perches de terre en hache affis audit Ter-roüer lieudit au bort du clos dudit Berny, & de l'autre costé du chemin Royal, tenant d'une part à la voye de Morteaux, d'autre part audit sieur Simonnet, d'un bout à plu-sieurs, & d'autre bout au grand chemin Royal.

Item, en & sur quatre arpens quatre-vingt huit perches de terre faisans hache audit terroüer lieu dit le chemin de Chartre & au dessous des vignes de Sceaux, tenant d'u-ne part audit chemin de Chartres, d'autre part tenant à la voye de Froicu & aux vignes de Choiseau, & autres d'un bout aux terres de la Cure dudit Sceaux & d'autre bout à François Herault le fossé entre deux.

Item, en & sur quatre arpens, un quartier de terre labourable faisant triangle ai-gu audit terroüer lieu dit Morreaux, tenans d'une part à la voye ancienne qui alloit de Fresne à Chastenay, d'autre part aux prez de la Seigneurie dudit Anthony, fossé en-tre deux, d'un bout au grand chemin Royal, & d'autre bout en pointe à ladite voye.

Item, en & sur un arpent soixante & cinq perches de terres sis audit terroie lieu dit sous l'Abbaye, tenant d'une part à la veuve Benoist, d'autre à Louis Bertellot d'un bout à la Riviere, & d'autre bout à plusieurs.

Item, & sur deux arpens trois quatiers & deux perches & demy de terres sis audit terroir & mesme lieu, tenant d'une part aux terres de la Seigneurie dudit Anthony, d'autre part aux terres de l'Eglise dudit Anthony, d'un bout aux Patis, d'autre bout au chemin de dessous l'Abbaye.

Item, en & sur un arpens & demy sept perches de terre sizes audit Terroir & mesme lieu, tenans d'une part à berger & Jacques Auton, d'autre au chemin de laguiée ou des prez, d'un bout & d'autre comme la piece cy-dessus.

Item en & sur quatre-vingt dix-sept perches de terres sis audit Terroir & lieu cy-dessus, tenant d'une part aux Murs du jardin du sieur Rinbault, d'autre aux terres de l'Eglise dudit Anthony, d'un bout sur les patis, & d'autre bout audit chemin sous l'Ab-baye.

Item, en & sur trois quartiers & deux perches de terre sis audit Anthony mesme lieu que si cy-dessus, tenant d'une part au sieur Millet, d'autre à Pierre Berger, d'un bout au sieur Maurice, d'autre bout au chemin sous l'Abbaye.

Item, en & sur demy arpent de terre sise audit Terroir & mesme lieu, tenans d'u-ne part à Christophe Boullier, d'autre audit sieur Maurice, & d'un bout audit Maurice & d'autre bout à la voye sous l'Abbaye.

Item, demy arpens de terre sis audit Endroit, tenant d'une part audit Boullier, d'autre à   d'un bout audit sieur de Lyonne, & d'autre bout audit chemin sous l'Abbaye provenant de l'eschange du sieur de Courchan.

Item, trois quartiers de terre audit lieu, tenant d'une part audit Maurice Poulin, d'autre audit Bertellot, d'un bout à plusieurs, & d'autre bout à la Riviere dudit An-thony.

Item, cinq quattiers deux perches de terres scis au terroir d'Anthony, lieu dit le Noyer du Carreau, tenans d'une part au sieur de Lery, d'autre aux hoirs Nicolas Auton d'un bout aux terres de la Seigneurie dudit Anthony, & d'autre bout au chemin an-cien de Chartres à Paris,

Item, un arpent quatre-vingt treize perches un tiers de perches de terres scis audit terroir & mesme lieu cy-dessus tenans d'une part ausdits hoirs dudit Auton d'autre, & d'un bout aux terres de la Seigneurie dudit Anthony, & d'autre bout audit chemin de Chartres.

Item, un arpent six perches scis audit terroir lieu dit le Carreau, tenans d'une part & d'autre aux sieurs Millets d'un bout aux terres de la Seigneurie d'Anthony, d'autre bout au chemin qui tend du pont audit Anthony.

Item, trois arpens trois quartiers de terre assis audit terroir lieu dit les Graviers, & au dessus de la Fontaine des Gaudets, tenans d'une part & d'un bout à la voye de Verieres à Anthony, d'autre à plusieurs, & d'autre bout aux terres des sieurs Millets & Millon.

Item, demy arpent de terres scis audit terroir d'Anthony, lieu dit le haut des Serisais tenans d'une part à Jean Raffart, d'autre part à   d'un bout à la voye des Bois, d'autre bout à la voye allans à Verrieres.

Item, un arpent vingt perches de terres scis audit terroir lieu dit la Fontaine des Gaudets, tenans d'une part vers Verrieres au sieur Regnier un fossé entre deux, d'autre

part

part aux sieurs Millets Millon, la vigne de Jacques Belet & autre, d'un bout aux prez de plusieurs en d'autre bout au ru de ladite fontaine des Gaudets.

Item, trois arpens quatre vingt quinze perches & demies de terres faisans double hache scis audit terroir lieu dit les Graviers proche la vigne de Belet, tenans de toutes parts aux terres apparteuantes à mondit sieur de Lyonne à cause de la ferme de la Tour.

Item, demy arpent de terre scis audit terroir d'Anthony lieu dit les Graviers, tenans d'une part à la veuve Gervais Gallier, d'autre au sieur Regnier d'un bout aux prez hauts d'autre bout à Jean Raffart.

Item, un arpent trois perches de terre au lieu & derriere le pont d'Anthony, tenans d'une part au sieur Dollet, d'autre au sieur Charlet d'un bout à Georges Bonin, d'autre bout aux terres de la Seigneurie de Fresne.

Item, sept quartiers trois perches & demies de terre scis audit terroir & lieu cy-dessus tenans d'une part audit sieur Dollet, d'autre au sieur Charlet d'un bout aux fosses des prez du sieur de Lyonne, d'autre bout aux terres de la Seigneurie de Fresne.

Item, un arpent quatre-vingts perches de terre scises audit terroir lieu dit proche Tourvoye tenans d'une part à la voye ancienne allans à Tourvoye, d'autre aux hoirs Anne Raflon d'un bout par bas aux prez de la Seigneurie dudit Fresne, d'autre bout par haut aux sieurs Millet Millon.

Item, cinq quartiers de terre scis audit terroir tenans d'une part au sieur Dollet, d'autre à la Seigneurie dudit Anthony d'un bout audit sieur de Lyonne, d'autre bout par bas à la voye ancienne allans à Tourvoye.

Item, sept arpens trente-six perches de terre scis audit terroir lieu dit proche Tourvoye, tenans d'une part & d'un bout au sieur Charlet, d'autre part audit sieur de Lyonne, d'autre bout par bas audit sieur Dollet.

Item, un arpent quarante perches de terres scis audit terroir, lieu dit au dessus du bois détourvoye, tenans d'une part tant audit sieur de Lyonne qu'audit sieur Charlet, d'un bout audit sieur Dollet, & d'autre bout à la voye qui tend dudit tourvoyé aux Sausayes de Macy.

Item, trois arpens & demy six perches de terres scis audit terroir, lieu dit sur la voye tendans du pont d'Anthony à Vuissouls, tenans d'une part à   d'autre part à la Sausaye du sieur Hautin & autre, fossé entre deux d'un bout à la veuve Gervais Gallier fossé entre deux, d'autre bout à ladite voye de Vuissouls.

Item, six arpens & demy quartier de terres faisans hache, scis audit terroir lieu dit sous les Rabats de Vuissouls, tenans d'une part aux terres de la Seigneurie d'Anthony, le costé de la hache tant audit sieur de Lyonne qu'audit sieur des Garennes, & autres d'un bout aux terres de la la Seigneurie dudit Anthony, d'autre bout au chemin qui tend du pont d'Anthony à Vuissouls.

Item, un arpent & demy seize perches de terre scis audit terroir, & lieu dit sur la voye tendante à Vuissouls, tenans d'une part audit sieur des Garennes, d'autre part à plusieurs vers Anthony d'un bout à la piece cy-aprés déclarée, d'autre bout à la voye de Vuissouls.

Item, quatre arpens trois quartiers de terre scis audit terroir & mesme lieu d'une part à Antoine Boullier d'un bout aux terres de la Seigneurie d'Anthony, d'autre bout à la piece cy-aprés par haut.

Item, trois quartiers onze perches de terres scis au mesme lieu, tenans d'une part tant à la piece cy-dessus que autres, d'autre part aux terres de la Seigneurie dudit Anthony, d'un bout à ladite veuve Gallier, d'autre bout à plusieurs.

Item, trois quartiers de terres scis audit terroir & mesme lieu dit Vaulaurin, tenans d'une part aux sieurs Millets, d'autre part aux terres de l'Eglise duditAnthony d'un bout par bas à la Dame Millet, d'autre bout par haut audit sieur de Lyonne.

Item, quarante-quatre arpens quarante perches de terre faisans plusieurs haches & triangles scis audit terroir lieu dit sous les rabats de Vuissouls, tenans toute ladite piece d'une part au grand chemin d'Orleans à Paris d'autre part, au fossé qui est au bout des vignes desdits Rabats, d'un bout vers le pont d'Anthony à plusieurs en hache, d'autre bout en pointe vers les Sausayes de Macy aux heritiers le Maire de Contain un fossé entre deux, a esté déduit un arpent & demy de terre qui est parmy ladite piece qui appartient, sçavoir trois quartiers à la Dame Comtesse de Poully, & trois quartiers à ladite veuve Gervais Gallier.

Item, trois arpens trente-quatre perches de tetre scis audit terroir lieu dit le Sureau,

B

tanans d'une part & d'autre & d'un bout par haut aux terres de l'Eglise dudit Anthony, & d'autre bout au grand chemin Royal.

Item, un arpent & demy de terre scis audit terroir, & mesme lieu tenans d'une part aux Terres de la Seigneurie d'Anthony, d'autre part tant à ladite Seigneurie, qu'autres d'un bout à la piece cy-dessus, & d'autre bout aux terrés de la Seigneurie d'Anthony.

Item, trois quartiers dix-sept perches de terres scis audit terroir d'Anthony, & mesme lieu du Sureau tenans d'une part & d'autre, & d'un bout par bas aux terres de ladite Seigneurie d'Anthony, & d'autre bout par haut audit sieur de Lyonne.

Item, un arpent trois quarts de terres en hache assis audit terroir & mesme lieu du Sureau, tenans d'une part tant au grand chemin Royal, & à Maurice Poulin d'autre part aux terres de la Cure & de la Seigneurie dudit Anthony, d'un bout aux terres de la Seigneurie d'Anthony, & d'autre bout au pré appartenans audit sieur de Lyonne.

Item, trois quartiers de terres audit lieu, tenans d'une part aux prez dépendans de ladite ferme d'autre part aux terres de la Seigneurie dudit Anthony, d'un bout au sieur de Lyonne, & d'autre bout au chemin qui tend du pont d'Anthony à Vuissouls.

Item, cinq arpens soixante-douze perches de terres de courreage, assis au terroir d'Anthony lieu dit les Cornus, ou le haut des Rabats, tenans d'une part à Adam Dolimier, d'autre part audit des Garennes d'un bout par haut aux terres de l'Hostel-Dieu de Paris & autres, & d'autre bout par bas à ladite voye des Rabats.

Item, deux arpens trois quartiers huit perches de terre scis audit terroir d'Anthony, lieu dit Chassien, tenans d'une part aux ayans cause d'André Dumont, d'autre part à la veuve Maistre Claude Angoulian, receveur de Vuissouls d'un bout à Monsieur de de Beaauvais, le sieur Hersan & autres, & d'autre bout par haut à Perrette Cocquignon, & autres.

Item, onze arpens vingt-deux perches de terre en hache & pointe, assis audit terroir lieu dit les fosses aux Dames, & dans ladite piece sont lesdites fosses tenans d'une part aux terres de la Seigneurie dudit Anthony, d'autre part à la veuve Gervais Gallier, & Antoine Boullier d'un bout au grand chemin, & d'autre bout à la piece cy-aprés declarée.

Item, un arpent de terre scis audit terroir & mesme lieu dit les Fosses aux Dames, tenans d'une audit Antoine Coullier, d'autre part à   d'un bout audit sieur de Lyonne, d'autre bout aux terres de la Seigneurie dudit Anthony.

Item, cinq arpens de terre scis audit terroir & mesme lieu cy-dessus, tenant d'une part aux terres de la Cure dudit Anthony, d'autre part aux terres de la Seigneurie d'Anthony, d'un long à la piece cy-dessus declaré, & d'autre long au Moruu.

Item, neuf arpens de terre faisant hache double assis audit terroir, lieu dit les Morouës ou le bas de la pointe Radeau, tenans d'une part vers Anthony aux terres de ladite Eglise, & aux ayans cause du sieur de Lery, d'avtre part à plusieurs en hache, d'un bout par haut aux terres dudit Anthony & autres, & d'autre bout au chemin des Moruës.

Item, cinq quartiers de terre scis audit terroir & lieu dit le Pont aux Asnes, tenans d'une part à la voye des Morues, d'autre part aux sieurs Millet, d'un bout à la piece cy-dessus, & d'autre bout à la voye du regard ou de marché.

Item, un arpens de terre en deux sillons sis audit terroir au lieudit les Moruës, tenant d'une part aux terres de la Cure dudit Anthony, d'autre part ausdits sieurs les Millets, d'un bout par haut au grand chemin Royal, & d'autre au chemin des Morues.

Item, un arpent de terre audit Terroir mesme lieu cy-dessus, tenant d'une part aux terres de la Cure dudit Anthony, d'autre à la Dame Millet & autres, & des bous ladite piece cy-dessus.

Item, quatre arpens, quarante perches de terres sis audit Terroir lieu dit le moruës, tenans d'une part au sieur Autin, d'autre part à Christophle Boullier, d'un bout & d'autre comme les pieces cy-dessus.

Item, un arpent soixante-dix perches de terres tant labourables que friches en triangle, sis audit Terroir & mesme lieu cy-dessus dit les Morues, tenans d'une part au grand chemin Royal, d'autre part & d'un bout en triangle au chemin des Morues, & d'autre bout au sieur Millet.

Item, trois arpens onze perches de terres en triangle, sis audit Terroir d'Anthony lieu dit proche le pont aux Asnes ou la voye du Marché, tenant d'une patt aux terres de l'Eglise dudit Anthony, d'autre part en triangle à ladite voye du Marché d'un bout au chemin des Moruës, & d'autre bout par haut à la Dame de Sevre.

Item, deux arpens & demy quartier de terre en hache ſis audit Terroir lieu dit Co-
chet-panier, tenant d'une part aux terres de la Seigneurie dudit Anthony au lieu du ſieur
de Lery, d'autre part en hache à la Dame Millet, d'un bout audit ſieur de Lyonne, &
d'autre bout à ladite voye du Marché & autres.

Item, demy arpent de terre ſis audit terroir & lieu cy-deſſus & au deſſous de regard
du ſieur de Mory, tenans d'une part au ſieur Millet, d'autre part à Iulien & Antoine
Boullier, d'un bout aux terres de la Seigneurie dudit Anthony, & d'autre bout à la voye
du Marché.

Item, quatre-vingt cinq perches & demie de terre ſcis audit terroir d'Anthony,
lieudit au deſſous dudit regard du ſieur de Moy, tenans d'une part a la piece cy-aprés, d'autre part aux terres de l'Egliſe dudit Anthony, d'un bout au ſieur Millet & d'autre bout
aux terres de l'Egliſe d'Anthony & autres.

Item, trois quartiers de terres ſciſes audit Terroir & meſme lieu cy-deſſus, tenant
d'une part à la piece cy-deſſus, & auſdits ſieurs Millets, d'autre part aux terres de la
Seigneurie dudit Anthony, d'un bout à la voye des Moruës, d'autre bout par haut au
ſieur Maurice & autres.

Item, trois quartiers de terres audit lieu cy-deſſus, tenans d'une part auſdits Seigneurs d'Anthony, d'autre aux hoirs Nicolas Auton, d'un bout par haut audit ſieur
Maurice & d'autre bout au chemin des Moruës.

Item deux arpens quarante ſix perches de terres ſcis audit Terroir lieu dit les Moruës
tenans d'une part aux terres de la Seigneurie d'Anthony, d'autre part auſdits hoirs, Nicolas Auton, d'un bout à ladite voye des Moruës, & d'autre bout à

Item, ſix quartiers & dix-huit perches de terres ſcis audit Terroir & lieu dit les
Mouruës, tenans d'une part auſdites terres d'Anthony de part & d'autre, vn foſſé entre
deux, d'un bout à Pierre Berger par haut, & d'autre bout par bas au Moruës.

Item, quatre arpens & demy dix perches de terre ſizés audit terroir, lieu dit le Ruiſſeau de Baſconnet, tenant d'une part & d'un bout audit ruiſſeau, d'autre à Pierre Berger,
& d'autre bout aux terres de la Seigneurie dudit Anthony.

Item, deux arpens de terre ſis audit terroir & au deſſus de la pice cy-deſſus, tenant
d'une part à la Sauſſaye d'Antoine Boullier, d'autre à la Dame Comteſſe de Poüilly, d'un
bout par haut aux vignes, & d'autre bout audit ruiſſeau de Baſconnet.

Item, trois quartiers de terre ſis audit terroir & meſme lieu cy-deſſus, tenans d'une
part aux vignes du ſieur Rondelet, d'autre à
d'autre par haut au chemin allant à Macy, & d'autre bout audit ruiſſeau de Baconnet.

Item, cinq quartiers de terre ſis audit terroir & meſme lieu cy deſſus, tenans d'une
part à Henry Badran, d'autre aux vignes du ſieur Poulin, d'un bout par haut de preſent à Iacques Gallier & autres, & d'autre bout par bas audit ruiſſeau, auquel aboutiſſant
il y a un gros meriſier.

Item, deux arpens ſoixante-trois perches & un tiers de perche de terre en hache ſis
audit terroir, lieu dit les Moruës, tenans d'une part aux terres de la Seigneurie d'Anthony, d'autre part au ſieur Hautin, d'un bout par haut à la Dame le Vaſſeur & autres,
& d'autre bout au chemin des Moruës.

Item, cinq arpens trois perches de terre en hache ſis audit d'Anthony, lieu dit les Moruës, tenant d'une part le coſté de la hache aux ſieurs les Millets, & aux terres de la
Seigneurie dudit Anthony, & d'autre part aux terres d'Anthony, d'un bout par haut à
pluſieurs, d'autre bout au chemin des Moruës.

Item, quatre-vingts douze perches de terre ſis audit meſme lieu des Morues, tenans
d'une part au ſieur Milet, d'autre part à   d'un bout au ſieur
Maurice, & d'autre bout aux Moruës.

Item, un arpent & demy & ſix perches de terre ſis audit terroir, lieu dit ſous les
vignes Baſconnet, tenant d'une part aux ſieurs Millets & autres, d'autre part à pluſieurs,
d'un bout par haut aux vignes, & d'autre bout à

Item, deux arpens quarante-ſix perches & demie de terre ſizes audit terroir, lieu dit
ſous Baconnet, tenant d'une part au ruiſſeau de la fontaine de Baconnet, d'autre part
à   d'vn bout par haut au ſieur de Bonnigal, & d'autre bout
aux Moruës.

Item, deux arpens quatre-vingts douze perches de terre ſizes audit terroir & meſme lieu cy-deſſus dit ſous Baconnet, tenans d'vne part & d'autre aux terres de la Sei-

gneurie dudit Anthony, d'vn bout par haut aux vignes de plusieurs, & d'autre bout au chemin des Moruës.

Item, trois quattiers de terrre sis audit terroir d'Anthony, lieu dit la voye, qui tend des Moruës à la fontaine de Baconnet, tenant d'vne part à la voye, d'autre part à Jacques Masurier, d'un bout aux vignes de plusieurs, & d'autre bout aux terres de la Seigneurie de Macy.

Item, un arpent & demy & dix-huit perches de terre sizes audit terroir d'Anthony, lieu dit derriere le clos de Macy, tenans d'vne par aux terres de la ferme des Bagnieres dudit Macy, & autres d'autre part aux terres des Bagnieres, & d'un bout aux Moliers, & d'autre bout aux terres de l'Hostel-Dieu.

Item, vn arpent trente deux perches de terre sizes au terroir dudit Anthony, lieu dit proche le Noyer à la Coite, tenans d'une part au grand chemin de Chartres à Paris, d'autre part à   d'vn bout à la voye de Baconnet, & d'autre bout aux terres tenuës par Simon Roger.

Item, Vingt-deux arpens en terres labourables, cy-devant en deux pieces, faisans plusieurs haches double pointe & triangle, assis au terroir dudit Anthony, situez au devant de ladite ferme de la Tour d'Argent, tenant d'une part toute ladite piece au chemin qui conduit dudit Anthony à Chastenay, d'autre part à la veuve Gervais Gallier, d'vn bout par bas aux jardins de Mathieu Bicheret & autres, & au chemin ancien de Chartre, tenant d'autre bout par haut aux terres de la Seigneurie dudit Anthony, terres de l'Eglise & autres.

Item, Un quartier & demy de terre sis audit terroir d'Anthony, lieu dit le Trou Robinet, tenant d'vne part à François Hanault, borné entre-deux par bas; d'autre part aux hoirs du sieur Iullien, d'vn bout par haut à la piece cy-devant declarée, & d'autre bout par bas aux terres de la Cure dudit Anthony.

Item, Vn autre quartier & demy de terre sis audit mesme lieu, tenant d'vne part ausdits hoirs du Sieur Iulien, d'autre aux terres de l'Eglise dudit Antony, d'vn bout & d'autre comme la piece precedente.

Item, Vn quartier & demi de terre scis audit lieu, tenant d'vne part an chemin ancien de Chartres, d'autre part aux terres de ladite Cüre d'Anthony, d'vn bout à ladite Damoiselle Larché, & d'autre bout à Louis Berthelot.

Item, demy arpent & neuf perches de terre scis audit terroir d'Antony, lieu dit le Trou Robinet, tenant d'vne part à Nicolas Haulton, d'autre part à la voye de la grosse Haye, d'vn bout par bas au chemin de Chartres, & d'autre bout par haut à la piece ci-aprés.

Item, deux arpens & demy & demy quartier de terre scis audit terroir d'Antony & chantier, dit la grosse Haye, tenant d'une part aux terres de la Seigneurie dudit Anthony, d'autre part tant à la piece cy-dessus, qu'autres; d'vn bout par haut à la veuve Gervais Gallier, & d'autre bout par bas sur ladite voye de la grosse haye.

Item, Vn quartier & demy de terre scis audit terroir & mesme lieu cy-dessus, tenant d'vne part aux terres de la Cure dudit Anthony, d'autre part à Pierre Berger le jeune, d'vn bout par haut à la piece cy-aprés, & d'autre bout sur ladite grosse Haye.

Item, Vn quartier de terre scis audit lieu & faisant tournailles, tenant d'vne part à Etienne Picart, d'autre tant à la piece cy-devant declarée, qu'autres en tournailles, d'un bout par bas aux terres de ladite Seigneurie d'Anthony, & d'autre bout à ladite Gervais Gallier.

Item, Vn arpent & demy & quatre perches de terre, faisant hache, assis audit terroir d'Antony, lieu dit au dessus de la Tour, tenant d'une part à ladite veuve Gallier, d'autre part aux terres de la Cure dudit Anthony, d'vn bout à la grande piece de la Tour, & d'autre à la piece cy-aprés declarée.

Item, Six arpens de terre, faisans hache double assis audit terroir d'Anthony, lieu dit sur le chemin de Verrieres, tenant d'une part à Messieurs de Saint Germain des Prez, d'autre part aux terres de la Cure dudit Anthony, d'vn bout par haut à plusieurs, & d'autre par bas sur ledit chemin de Verrieres.

Item, Six quartiers de terre, scis audit terroir & lieu dit Morteaux, tenant d'vne part aux terres tenuës à loyer par Hierosme Benoist de Chastenay; d'autre part au chemin qui conduit de Verrieres à Paris, d'vn bout par haut à la veuve Iean Bouguenet, & à la piece cy-dessous, & d'autre bout par bas au Sieur de Sevre, y compris les fossez.

Item, cinq quartiers de terre scis audit terroir & mesme lieu cy-dessus, tenant d'vne part à ladite veuve Bougnenet, d'autre part à

d'un

D'un bout par bas à la piece cy-deffus & autres, & d'autre bout par haut à la voye qui tend dudit Anthony à Sceaux.

Item, un qaartier de terre fcis audit terroir & mefme lieu cy-deffus, tenant d'une part aux terres dudit fieur de Seure, d'autre part à la terre tenuë par ledit Benoift d'un bout par haut à
& d'autre bout par bas à la piece cy-deffus.

Item, demy arpent de terre fcis audit terroir & mefme lieu cy-deffus, tenant d'une part audit fieur de Seure, d'autre part à Pierre Benoift d'un bout par haut à la piece cy-deffus & autres, & d'autre bout par bas audit fieur de Seure.

Item, fept arpens de terre faifant hache affis audit terroir d'Antony, lieu dit Morteaux, tenant d'une part à ladite veuve Galliet d'autre part à Gervais Bion, & autres d'un bout à ladite voye qui tend à Sceaux, & d'autre bout aux prez de Manche.

Item, deux arpens de terres faifant hache affis audit terroir & mefme lieu de Morteaux, tenant d'une part le long reage aux terres de l'Eglife dudit Antony, d'autre part en hache a la terre tenuë par Jacques Gallier qui appartenoit audit fieur de Lyonne, & à   d'un bout par bas aux fept arpens,
& d'autre bout par haut à la voye qui conduit dudit Antony à Sceaux.

Item, demy arpent feize perches de terres fcis au terroir d'Antony, lieu dit l'Aunios Courtois, tenans d'une part à   d'autre part aux terres de la Seigneurie dudit Antony, d'un bout par haut aux fieurs les Millets, & d'autre bout par bas à la piece cy-devant declarée.

Item, fept quartiers de terre fcis audit terroir d'Antony lieu dit le Noyer au Loup, tenant d'une part à la veuve Bouguenet, d'autre part à Gervais Bion, d'un bout fur la voye allant à Sceaux, & d'autre bout a la piece cy-aprés.

Item, demy arpent & demy de terre en hache fcis audit terroir d'Antony, & mefme lieu cy-deffus tenant d'une part és Tornailles, tant à la piece cy-deffus que autres particuliers, d'autre part qui eft la hache à ladite veuve Bougnet, d'un bout par haut au fieur Millet Procureur & autres, & d'autre bout par bas tant à la piece cy-aprés qu'autres.

Item, deux arpent de terre fcis audit terroir d'Antony lieu dit le Noyer au Loup, tenant d'une part vers Chaftenay à la terre tenuë par Hierofme Benoift, d'autre part à une piece de terre tenuë par ledit Jacques Gallier, d'un bout audit Benoift, & d'autre bout par haut au fieur Millet & autres.

Item, demy arpent dix-huit perches de terres fcis audit terroir & mefme lieu cy-deffus, tenant d'une part aux hoirs Maurice Poulin, d'autre part aux fieurs les Millets d'un bout par bas audit Benoift, & d'autre bout par haut au fieur Millet Procureur.

Item, foixante-dix perches de terres en triangle fcis audit terroir, & lieu cy-deffus tenant d'une part à la voye qui tend audit Antony à Sceaux, d'autre patt à René Marchais, d'un bout par haut à   & d'autre bout en pointe fur la voye.

Item, demy arpent & demy quartier de terre fcis audit terroit & lieu dit fur la voye qui va de Verrieres à Paris y tenant d'une part, d'autre part au fieur Millet Procureur, d'un bout aufdits fieurs les Millets, & d'autre bout aux terres de la Seigneurie dudit Anthony.

Item, quarante-cinq perches de terres fcis audit terroir & mefme lieu cy-deffus; tenant d'une part à ladite voye de Verrieres à Paris, d'autre part aux terres de ladite Seigneurie d'Antony, d'un bout au fieur Millet Procureur, & d'autre bout à François Hanault.

Jtem, demy arpent huit perches de terres fcis audit terroir & mefme lieu cy-deffus, lenant d'une part à ladite voye cy-deffus declarée, d'autre part à la veuve Jean Bouguenet, d'un bout à la veuve Nicolas Benoift, & d'autre bout audit fieur Millet Procureur.

Item, quarante-deux perches de terre en triangle eftant en friche, total fur laquelle il eft planté quelques pieds de pommiers icituez proche & dans ladite ferme de la Tour d'argent tenant d'une part au chemin qui conduit dudit Antony à Chaftenay.

Item, trois arpens & demy vingt perches de terres en hache & triangle par haut fis derriere ladite ferme de la Tour tenant d'une part à la picce cy-deffus, & au chemin qui va audit Chatenay, d'autre aux terres de la Cure dudit Anthony, & aux hoirs Boucingault & autres, d'un bout aux hoirs dudit fieur Doyenne, & d'autre bout par bas aux hoirs Gervais Gallier & autres.

C

Item , un arpent & demy de terre ſcis audit etrroir d'Antony , & meſme lieu cy-deſ-ſus, & au deſſus de ladite Cure, tenant d'une part à la terre de ladite Cure, d'autre part à la piece cy-aprés. d'un bout par haut à la terre de l'Egliſe dudit Antony, & d'autre bout par bas aux ſieurs les Millets , Millon, & autres.

Item , trois quartiers de terres ſcis au meſme lieu cy - deſſus, tenant d'une part & d'autre aux terre de la Seigneurie dudit Anthony , d'un bout par haut à la voye qui va à Chaſtenay , & d'autre bout par bas au ſieur Millet Procureur.

Item , ſoixante-dix perches de terres és triangle ſis audit terroir & lieu cy-deſſus, tenant d'une part à la voye qui tend dudit Antony à Sceaux , d'autre part à René Mar-chais , d'un bout par haut à
& d'autre bout en pointe ſur la voye.

Item , demy arpent & demy quartier de terre ſis audit terroir & lieu dit ſur la voye qui va de Verrieres à Paris y tenant d'une part, d'autre au ſieur Millet Procureur, d'un bout auſdits ſieurs les Millets , & d'autre bout aux terres de la Seigneurie dudit An-thony.

Item , un arpent & demy de terre ſcis en ce meſme lieu cy-deſſus, tenant d'une part à ladite voye qui tend audit Chaſtenay, d'autre part à la veuve Gervais Raſlon, d'nn à la voye qui tend de Verſieres à Paris: & d'autre bout aux ſieurs Millons.

Item , demy arpens & demy & dix-ſept perches de terre en hache triangulaire aſſis aſſis audit Terroir d'Anthony, Chantier dit les Gouſtieres, tenant d'une part à la voye de la Plaſtriere , d'autre au ſieur Legallis & la piece aprés declarée & autres, d'un bout à la terre de la Cure & autres par haut & d'autre bout par bas au ſieur de la Houſſaye.

Item , trente perches en triangle aſſis audit Terroir & meſme lieu cy-deſſus, tenant d'une part audit ſieur Legallis , d'autre part audit ſieur dela Houſſaye, d'un bout par bas aux ſieurs les Millons, & d'autre bout en pointe à la piececy-deſſus.

Item , demy arpens de terre ſcis audit meſme chantier cy-deſſus, tenant d'une part à la Damoiſelle Larché, d'autre à la terre de la Cure dudit Anthony, d'un bout ſur le che-min de Verrieres à Paris , & d'autre bout à la piece de deux arpens & demy & dix-ſept perches cy-devant declarez.

Item , trois quartiers de terres en triangle entouré de foſſez aſſis au Chantier dit la voye des crochetteurs , tenant d'une part à ladite voye des crocheteurs, d'autre part à la voye qui tend de Verrieres à Paris, d'un bout à Eſtienne Picard , & d'autre en pointe à un petit carrefour.

Item , un arpens de terre ſcis ſur le chemin de Verrieres à Paris, tenant d'une part à la veuve Raſlon, d'autre part aux heritiers, René Marchais, d'un bout par haut audit chemin & d'autre bout aux ſieurs les Millons.

Item , cinq quartiers de terre ſciſe audit Chantier de la voye de Crocheteurs, te-nant d'une part à Gervais Bion , d'autre auſdits ſieurs les Millons, d'un bout à ladite voye des Crocheteurs, & d'autre bout à

Item, trois arpens de terre en hache aſſis audit Terroir & meſme lieu cy-deſſus, te-nant d'une part audit Bion d'autre part à   d'un bout à la voye des Crocheteurs, & d'autre bout à

Itom, demy arpent ſeize perches de terre ſciſe audit Terroir & meſme lieu cy-deſſus tenant d'une part auſdits ſieurs les Millons, dautre part à   d'un bout audit ſieur de la Houſſais, & d'autre bout à

Item , vn arpent trente deux perches de terre audit Terroir d'Anthony , lieu dit la voye des Crocheteurs, tenant d'une part aux terres de la Seigneurie dudit Anthony, d'autre part aux ſieurs Millons , d'un bout à la voye des Crocheteurs, & d'autre bout aux terres dudit ſieur de Lyonne & aux terres de Chaſtenay.

Item , un arpent & demy & quatorze perches de terres faiſant hache & de long rea-ge aſſis audit Terroir & meſme lieu de la voye des Crocheteurs, tenant d'une part le long reage aux hoirs Marchais, d'une part à Hieroſme Benoiſt borné dans le reage d'un bout à ladite voye des Crocheteurs & d'autre aux terres tenuës par ledit Benoiſt.

Item, ſix arpens de terre faiſans double hache non compris le grand chemin qui con-duit de Verrieres à Paris, qui paſſe au travers de ladite piece, ſcis audit Terroir lieu dit les Gouſtieres, tenant d'une part aux terres de ladite Seigneurie d'Anthony & autres, d'autre part à Nicolas Hauton & autres, duquel coſté par haut il y a une borne, d'un bout par bas au chemin des Marchais, & d'autre bout par haut au ſieur Millon.

Item, trois quartiers de terre ſcis au Chantier de la voye aux vaches, tenant d'une part à Thomas Hauton, d'autre à Loüis Berthellot, d'un bout à la piece cy-deſſus, d'autre bout à ladite voye aux Vaches.

Item, quatre arpens de terre faiſans triangle, aſſis audit Terroir d'Anthony lieu dit la voye aux Vaches, tenant d'une part à ladite voye aux Vaches, d'autre part de preſent à Gilles Colette au lieu du ſieur de Sévre, d'un bout par bas à la voye des Marchais, & d'autre bout par haut à la voye de Verrieres à Paris.

Item, neuf quartiers de terre ſciſe aux Chantier dit les Marchais, tenant de preſent aux terres de la Seigneurie dudit Anthony, d'autre part au ſieur Millet Procureur, d'un bout à la voye des Marchais, & d'autre bout à la voye des Gravelles.

Item, un arpent & demy & quatorze perches de terre ſcis au meſme lieu cy-deſſus, tenant d'une part à ladite Seigneurie d'Anthony, d'autre à la vigne de Criſtophle Alexandre & autres, d'un bout, & d'autre à la precedente.

Item, demy arpens quinze perches de terre ſcis audit Terroir d'Anthony lieu dit la voye Tortuë, tenant d'une part aux ſieurs Millons d'autre part à
d'un bout par haut à ladite Seigneurie d'Anthony, & d'autre bout à la voye qui va de Verrieres à Paris.

Item, demy arpens quatre-vingt ſix perches de terre ſcis audit Terroir d'Anthony lieu, lieu dit le Noyer au loup & ſur la Voye aux Vaches, tenant de preſent aux terres de la Seigneurie d'Anthony au lieu du Sieur de Lery, d'autre part aux terres tenuës par Hieroſme Benoiſt, d'un bout ſur la voye aux Vaches, & d'autre bout par haut à

Item, trois quartiers & trois quarts de terre ſcis audit terroir & meſme lieu cy-deſſut, tenant d'vne part à la Vigne des hoirs Martin Houdé, Magdelaine Marchais & autres en tournailles, d'autre part à   d'vn bout à ladite Voye aux Vaches, & d'autre bout à

Item, Vn arpent quarante perches de terre ſcis au terroir d'Anthony, lieu dit les Graviers & vis à vis le clos des vignes du Sieur Blet Chirurgien, tenant d'vne part à   & d'autre part à
d'vn bout ſur la voye de Verrieres à Paris, & d'autre bout à la Voye aux Vaches.

Item, cinq quartiers de terre ſcis audit terroir d'Anthony, lieu dit Preaux & Graviers, tenant d'vne part à la veuve Gervais Gallier, d'autre part au ſieur Desbelle, d'vn bout à la Voye des Graviers, & d'autre bout au Preaux.

Item, cinq quartiers de terre ſcis audit terroir d'Anthony, lieu dit la Sablonniere, tenant d'une part au chemin qui va de Verrieres à Chaſtenay, d'autre part & d'vn bout au Sieur Regnier, & d'autre bout à la Voye qui va de Verrieres à Paris.

Item, demi arpent de terre ſcis audit Chantier des Graviers, tenant d'vne part à la piece cy-aprés nommée, d'autre à la Terre tenuë par Benoiſt de Chaſtenay, d'vn bout à la voye de Verrieres à Paris, & d'autre bout à la Voye aux vaches.

Item, ſept quartiers de terres aſſis audit terroir & meſme lieu cy-deſſus, tenant d'une part à ladite voye aux vachés d'autre part à la piece cy-apres nommée, d'un bout à la piece cy-deſſus, & d'autre bout aux terres de preſent de ladite Seigneurie d'Antony, au lieu du ſieur de Lery.

Item, cinq quartiers de terres aſſis au meſme lieu cy-deſſus, tenant d'une part au ſieur Millon, d'autre au ſieur de Courchamps d'un bout à la piece cy-deſſus, & d'autre bout à ladite vigne qui tend dudit Verrieres à Paris.

Item, un quartier & demy de terre ſis audit meſme lieu cy-deſſus, tenant d'une part à ladite Seigneurie d'Antony, d'autre au ſuſdit arpent premier nommé, d'un bout aux ſept quartiers cy-devant nommez, & d'autre bout à la voye de Verrieres à Paris.

Item, demy arpent ſept perches de terres ſis au meſme lieu cy-deſſus, tenant d'une part audit ſieur de Lyonne, à cauſe des terres tenuës par la veuvé Gervais Gallier, d'autre part à la vigne du ſieur Blet, d'un bout audit ſieur de Lyonne, & d'autre bout à la voye de Verrieres à Paris,

Item, demy arpent de terre ſeis audit terroir d'Antony, lieu dit la fontaine de la Cuve, tenant d'vne part au Sieur Millon, d'autre part au Sieur Millet Procureur, d'vn bout à la voye du moulin, & d'autre bout audit Sieur de Lionne, à cauſe des terres tenuës par ladite veuve Gallier.

Item, deux arpens & demy & ſix perches de terre eſtant en deux pieces & faiſant double haches & pointe aſſis audit terroir, lieu dit la Voye tortuë ou raye tortuë, tenant d'vne part au Sieur Millon, d'autre part ſur la voye tortuë & voye du moulin, entre leſquelles deux pieces il y a vne piece de terre appartenant à Loüis Bertellot dudit Antony.

Item, vn arpent & demy quinze perches de terre, faiſant hache double & pointe corube, tenant d'vne part en courbe à ladite voye du moulin, d'autre aux hoirs du ſieur Doyenne, d'vn bout par haut à Maurice Poulin, & d'autre bout au Sieur Barcault.

Item, demy arpent de terre ſcize audit terroir & meſme lieu cy-deſſus, tenant d'vne part auſdits hoirs Doyenne, d'autre part aux vignes de pluſieurs, & notamment à Chriſtoſle Alexandre & autres, d'un bout au Sieur Millet Procureur, & d'autre bout audit Barcault.

Item, Vn quartier de terre ſis au meſme chantier de la fontaine du Saux, tenant d'vne part au ſieur Milon, d'autre parrt aux hoirs Alexandre, d'vn bout à la piece cy-devant nommée, & d'autre bout par bas aux hoirs Boucigault.

Item, trois quartiers de terre, ſcis audit terroir & meſme lieu cy-deſſus, tenant d'vne part à ladite Dame le Vaſſeur & autres, d'autre part aux terres de la Cure dudit Anthony, d'un bout par haut au demy arpent cy-deſſus nommé, & d'autre bout à l'enclos de ladite fontaine du Saulx.

Item, quarante cinq perchees & demie de terre, y compris la berge en dépendant, aſſis audit terroir d'Antony, lieu dit le Büat, tenant d'vne part à la voye qui conduit de Verrieres à Antony, d'autre part au ſieur Desbelles, d'vn bout par haut à maiſtre Georges Bonnin, & d'autre bout par bas au pré de Monſieur de Lionne, tenuë par la veuve Raſlon.

Item, demy arpent de terre ſcis au meſme lieu du Büat, tenant d'une part aux Berges des vignes de pluſieurs, d'autre part au ruiſſeau de la fontaine du Saulx, d'un bout au pré du Büat, & d'autre bout au Sieur Regnier.

Item, deux arpens & demy de terre, faiſant Hache audit terroir d'Anthony, lieu dit Ruſſeaux, tenant d'une part au Sieur Regnier, duquel coſté par haut il y a vne borne, d'autre part au ruiſſeau des Fontaines & à Giles Collete par bas, d'vn bout au chemin de Chartres, & d'autre bout par haut aux terres de l'Egliſe dudit Anthony.

Item, vn arpent de terre ſcis en meſme lieu & au deſſus de la precedente piece, tenant d'vne part audit Sieur Regnier, d'autre part audit Sieur Millon, d'un bout par haut au Sieur Regnier, & d'autre bout à la voye qui tend dudit Antony à Verrieres.

Item, deux arpens de terre aſſis au meſme lieu de Ruiſſeaux, tenant d'une part & d'autre audit ſieur Regnier, d'un bout au ſieur Desbelles, & d'autre bout par bas audit chemin de Chartre.

Item, quatre arpens & demy de terres aſſis audit terroir d'Antony appellé Longue Viorne, faiſaut pluſieurs angles, goutes, pantes & triangles; à cauſe de la riviere dudit Antony y tenant d'une part, d'autre au chemin ancien de Chartres.

Item, quarante-ſept perches de terres ſis aud't terroir d'Antony, lieu dit la ruë Chartraine, tenant d'une part à la vigne des heritiers de Bruneault dit la Garde, à cauſe de ſa femme, d'autre part aux terres de ladite Cure d'Antony, d'un bout par haut à Iacques Raffart, & d'autre bout à la voye de Chartres.

Item, demy arpent de terre ſiſ audit terroir & meſme lieu cy-deſſus, tenant d'une à ladite veuve Gervais Gallier d'autre part aux hoirs du ſieur Doyenne, d'un bout par haut aux hoirs feu René Lorin, & d'autre bout audit chemin de Chartre.

Item, deux arpeus quatre-vingts dix perches de Pré ſitué proche le Pont dudit Anthony, vulgairement appellé le pré de la Grenoüillere compoſé de pluſieurs triangles & pointes entourez d'un coſté de la riviere dudit Anthony, d'autre & des deux bout de Boiſles & foſſez.

Item, demy arpent onze perches de pré ſitué proche la piece cy-deſſus, tenant d'une part au ſieur Hautin, d'autre au ſieur Regnier d'un bout par bas à la piece cy-aprés nommée, & d'autre bout ſur le foſſé du Moru.

Item, quatre arpens & demy de pré faiſant pluſieurs tournoyemens, pointes & triangles aigus ſis dans ladite prairie d'Anthony lieu dit l'abrevoir, tenant à la riviere dudit Antony, d'autre aux boiſles & autres d'un bout par haut à Madame la Mareſchalle d'Effiat & autres, & d'autre bout en pointe à ladite riviere.

Item, deux arpens trois quartiers de pré ſis dans la grande prairie d'Antony, lieu dit la foſſe aux Chevaux, tenant d'une part à ladite riviere d'Anthony, d'autre part à la grande boiſle du millieu,

Item, cinq quartiers deux perches & demie de terre ſcis audit terroir tenans d'une part aux terres de la Ferme des Baigneres de Macy, d'autre part à la veuve Anne Raſlon, d'un bour à la piece cy-deſſus declarée, & d'autre bout à la voye qui tend à la Pointe Radeau.

Item, deux arpens & dix-sept perches de terre de courreage, scis audit terroir & mesme lieu cy-dessus, tenans d'une part audit Autin, d'autre part aux terres du sieur Poulin, d'un bout au grand chemin de Chârtres à Paris, d'autre à la piece cy-dessus,& la piece cy-aprés, & autres.

Item, un arpent quatre-vingt quatre perches de terre, scis audit terroir & mesme lieu cy-dessus, tenans d'une part aux terres de la Ferme des Bagnieres de Macy , d'autre part au sieur de Sévre , d'un bort à la piece cy-dessus, & d'autre bout à la voye qui tend à la Pointe Radeau,

Item, trois quartiers de terre scis audit terroir d'Anthony, lieu dit la voye du marché,tenant d'une part à ladite voye, d'autre part à
d'un bout au grand chemin de Chartres à Paris, & d'autre bout au sieur Poulin.

Item, un arpent & demy & neuf perches de terre, scis audit terroir & mesme lieu cy-dessus , tenans d'une part à la Dame Comtesse de Poulliy , d'autre part à
d'un bout & autre comme la piece precedente.

Item, deux arpens huit perches de terre scis audit terroir & mesme lieu cy-dessus, tenans d'une part à la Dame Millet , d'autre à ladite Dame de Pouilly , d'un bout aux pieces de la Seigneurie dudit Anrhony , & d'autre bout audit chemin de Chartres à Paris.

Item, cinq arpens trente perches de terre labourables en triangle assis audit terroir d'Anthony , lieu dit la pointe Radeau,tenant d'une part & d'un bout en pointe au chemin de Chartres à Paris,d'autre part au grand chemin de Paris à Orleans, duquel costé il y a des fossez , & d'autre bout au sieur de Bonnigal de Macy.

Item, un arpent & demy de terre scis au terroir d'Anthony , lieu dit derriere le clos du sieur Baudelot prés Verrieres, tenans d'une part aux hoirs Robert Damours , d'autre par aux terres tenuës par Iean Philippot, d'un bout au sieur Baudelot, d'autre bout à François Hanault.

Item , six quartiers dix perches de terre scis audit terroir, lieu dit Chassien, tenans d'une part aux terres de l'Hostel-Dieu de Paris, d'autre part au sieur Brayer, d'un bout audit sieur de Lyonne , d'autre bout au sieur Ferrand & autres.

Item, six quartiers de terre en courbes assis audit terroir , lieu dit proche les sausayes de Macy, tenans d'une part au sieur Ferrand , d'autre part audit Hostel-Dieu , d'un bout aux terres de la Seigneurie dudit Anthony, & d'autre Bout sur ladite voye des Rabats.

Item , un arpent de terre scis au terroir susdit & mesme lieu , tenant d'une part audit sieur Ferrand,d'autre part au sieur Brayer,d'un bout par haut à la voye qui va de Vuissous aux saussayes de Macy , & d'autre bout à ladite voye dés Rabats.

Item , cinq quartiers six perches de terre en hache scis audit terroir d'Anthony, lieu dit le Hault Marchais, tenant d'une part , faisant tournaille à plusieurs, d'autre part à Monsieur Ferrand & autres,d'un bout au grand chemin d'Orleans à Paris, & d'autre bout audit sieur Ferrand & aux terres de Montaigu.

Item , un arpent de terre scis audit terroir d'Anthony & mesme lieu, dit le Haut des Marchais, tenant d'une part au sieur Brayer, d'autre part en tournailles à plusieurs, & des deux bouts aux terres de l'Hostel-Dieu de Paris.

Item , demy arpent de terre de long reage assis audit terroir d'Anthony , lieudit les Marchais , tenant d'une part audit sieur Brayer , d'autre part à
d'un bout sur le ru des Marchais , & d'autre bout à la vigne de Molliers.

Item , demy arpent de terre scis au terroir d'Anthony , lieu dit les Marchais, tenant d'une part aux terres de l'Hostel-Dieu de Paris, d'autre part au sieur Brayer, d'un bout à la voye des Molieres, & d'autre bout par bas ou ru des Marchais.

Item , trois arpens vingt deux perches de pré en hache & pointe, assis au terroir dudit Anthony, lieu dit au bas des terres du chantier des Sureaux , prés le pont d'Anthony , tenant d'une part & d'un bout en pointe à la voye qui tend dudit pont à Vuissous , d'autre bout aux terres de Mondit sieur de Lyonne qu'autres, & d'autre bout au sieur Poulin.

Item, un arpent trois perches de pré, cy-devant en terres, scis audit terroir , lieu dit proche les prez de la jalousie , tenant d'une part au pré de l'Eglise de Vitry , d'autre part au sieur Autin, fossé entre deux,d'un baut aux terres. desd. sieurs de Lyonne que le Sr Charler , fossé entre-deux, & d'autre bout aux prez de la Seigneurie dudit Anthony.

Item, neuf arpens un quartier faisant plusieurs haches & triangle, situez au bas de la grande piece de terre de devant Berny , tenant à icelle, d'autre à une ruelle, & entourez par les bouts de fossez.

D

Item, deux arpens & demy & dix perches de pré situez au bas de la piece de terre qui est entre les murs du parc dudit Berny, & la Ferme dudit Pont d'Anthony, tenant à ladite terre, d'autre à la riviere qui coulle au boüillon d'eau dudit Berny.

Item un arpent quatre-vingt unze perches & demie de pré scis au derrier des murs du jardin de la Ferme dudit Pont d'Anthony, où il y a quelques arbres fruictiers plantez, tenant d'une part ausdits murs, d'autre part à la riviere dudit Anthony, d'un bout au fossé des vuidanges, & d'autre bout au jardin de

Item, sept arpens trente trois perches & demie de pré faisant plusieurs triangles, aigue pointe, courbe coings, & goutieres en plusieurs endroits situez au bout du boüillon d'eau dudit Berny & au bout dn Pavillon peint du Versoir, tenant tout le long d'une part à la riviere nouvelle coulante audit boüillon d'eau, d'autre part, tant à la riviere descendant de Torvoye au grand canal de Berny qu'aux prez dudit sieur de Lyonne, à cause de la Ferme de Fresne, les prez de la Seigneurie dudit Anthony, & aux prez de l'Eglise de Ville-Juifve, duquel costé sont lesdits triangles, & est entre le fossé ancien de la riviere dudit Anthony, d'un Bout par bas au ruisleau du Versoir dudit boüillon d'eau, & d'autre par haut à

Item, un arpent quarante-deux perches de pré en triangle scis au terroir d'Anthony, lieu dit prés le pont d'Anthony à l'abrevoir, tenant d'une part au chemin d'Orleans, d'autre part & d'un bout en pointe à la riviere dudit Anthony ou Boisle, & d'autre bout au chemin allant au Pont de Pierre,

Item, trois quartiers de pré en la prairie dudit Anthony, lieudit au dessous du jardin du sieur Doublet & proche l'abreuvoir, tenant d'une part à la riviere dudit Anthony, d'aure part au sieur Basquelet, d'un bout à la voye estant au dessus de la riviere, & d'autre bout à ladite riviere.

Item, quarante-six perches de pré en triangle égus, scis proche le pont aux Asnes, tenant d'une part & d'un bout en pointe à la Boisle & fossé allant du costé du chemin allant à Macy, d'autre patt audit sieur de Lyonne, à cause du pré que tient la veuve Raslon, & d'autre bout au sieur Barcault.

Item, demy arpens de pré scis proche ledit Pont aux Asnes, tenant d'une part au pré de la Seigneurie dudit Anthony & aux sieurs les Millets, d'autre part, tenant aux pieces cy-dessus qu'autres, d'un bout par bas au sieur Charlet, & d'autre bout par haut ausdits sieurs les Millets.

Item, un quartier de pré presque en caaté scis audit lieu, tenant d'une part à la piece cy-dessus, d'autre part à la Boisle des prez, d'un bout au sieur Autin, & d'autre bout au dit sieur de Lyonne, à cause du pré tenu par la veuve Raslon.

Item, un arpent & une perche de pré en hache sis audit terroir lieu dit le Pont aux Asnes, tenant d'une part au sieur Millet, d'autre part aux sieurs Millets, d'un bout audit sieur Millet, & d'autre bout à la boisle des prez.

Item, demy arpent de pré audit lieu tenant d'une part à la Dame Mareschalle d'Effiat, d'autre part ausdits sieurs Millets, d'un bout audit sieur de Lyonne à cause du pré tenu par Nicolas Morsant, & d'autre bout à la boisle des prez.

Item, un quartier de pré situé à la porte de l'entrée de la prairie dudit Anthony, tenant d'une part aux prez de la Seigneurie dudit Anthony, d'autre part à Monsieur Charlet, d'un bout par haut à ladite Comtesse de Poully, & d'autre bout à l'entrée de ladite prairie.

Item, demy arpent sept perches de pré sis proche le Pont aux asnes, tenant d'une part audit sieur Charlet, & au petit jardin de ladite Dame Comtesse de Poully, d'autre part au sieur Millet, d'un bout au fossé dudit pont, & d'autre bout audit sieur de Lyonne.

Item, un arpent de pré faisant plusieurs angles aiguës sis en ladite prairie lieu dit la fosse aux chevaux tenant d'une parr aux prez de l'Eglise de Verrieres & autres, d'autre part à Madame la Mareschalle d'Effiat, & d'un bout audit sieur de Lyone à cause du pré tenu par Morsant,

Item, un quartier de pré audit lieu vulgairement nommé l'arpent Corneuf, tenant d'une part audit sieur de Lyonne, à cause du pré tenu par la veuve Raslon, d'autre aux prez de l'Eglise de Verrieres, d'un bout à la Dame d'Effiat, & d'autre bout à ladite Dame Comtesse de Poully.

Item, un quartier & demy de pré situé au mesme chantier & lieu cy-dessus, tenant d'une part à ladite Dame d'Effiat, d'autre à Jacques Auton d'un bout aux prez de l'Eglise de Macy, & d'autre bout audit sieur de Lyonne à cause du pré tenu par Morsant.

Item , quatre-vingts perches de pré en hache fis au mefme lieu cy-deffus, tenant d'une part au fieur Autin, d'autre à ladite Dame d'Effiat d'un bout aux prez de
la Seigneurie dudit Anthony, & d'autre bout à plufieurs.

Item , demy arpent de pré fis au terroir d'Antony lieu dit la fontaine du Saulx, tenant d'une part aux prez de S. André des Arts, & d'autre part au fieur Barcault, d'un
bout au fieur des Belles, & d'autre bout par haut à plufieurs.

Item , trois quartiers de pré fis au chantier dit la Fontaine de la Cuve, tenant d'u-
ne part au fieur Regnier, d'autre part aux terres labourables appartenant à mondit fieur
de Lyonne , d'un bout par bas au fieur de Longeüil, & d'autre bout à plufieurs.

Item, trois quarterons de pré fis au chantier dit l'abreuvoir du Pont d'Antony, tenant d'une part, & d'un bout aux prez de mondit fieur de Lyonne tenuë par Morfant,
d'autre cofté à la Dame Comteffe de Poully, & par bas audit abreuvoir.

Item, trois arpens trois quartiers dix perches de pré appellé la piece de pré du hazard tenant d'une part à ladite riviere , d'autre part & d'un bout aux prez de la Seigneurie d'Anthony tenuë par ladite veuve Gallier.

Item , vne piece de pré contenant trois quartiers, fize en la prairie d'Anthony, proche la piece du Hazard, tenant d'une part & d'autre, & d'vn bout aux prez de la Seigneurie dudit Anthony, d'autre bout tant aux prez cy-aprés declarez qu'au fieur de
Saintou.

Item , cinq quartiers de pré en triangle fcis en la prairie & au bout de la piece du
Hazard, tenant d'vne part à la riviere, d'autre part & d'vn bout vers Tourvoie au fieur
Saintou, & d'autre bout à la piece du Hazard,

Item , demy arpent de pré fcis au mefme lieu, tenant d'vne part & d'autre audit
Sieur de Saintou, d'vn bout à la piece de trois quartiers, d'autre bout aux prez de la
Cure de Frefne.

Item , deux arpens trois quartiers dix perches & demie de prez, fcis au mefme lieu,
tenant d'vne part aux prez de la Cure de Frefne, au Sieur Dollet & autres, duquel cofté il
y a plufieurs pieds d'aulnes, d'autre part tant aux prez de la Seigneurie dudit Anthony, au Sieur des Garennes & autres, d'vn bout par bas au Sieur Saintou, d'autre bout
aux prez du Sieur de Lionne.

Item, vn quartier de pré fcis au mefme lieu, tenant d'vne part à Monfieur des Garennes, d'autre part aux Sieurs Millets & Millon, d'vn bout à la piece cy-deffus, d'autre bout aux prez de ladite Seigneurie d'Anthony.

Item, deux arpens & demy & feize perches de pré en triangle & hache fcis au mefme lieu, derriere les jardins du Pont d'Anthony, tenant d'vne part vers Berny aux prez
de la Seigneurie d'Antony, & en hache aux Sieurs Millets , d'autre part de prefent à
maiftre Georges Bonnin au lieu de feu Nicolas Auton, d'un bout aux prez du fieur de
Lionne, d'autre bout aux pieces ci-deffus.

Item, deux arpens trois quartiers & demy de prez fcis en ladite prairie d'Anthony,
dit la Jaloufie, tenant d'vne part à la piece cy-aprés declarée, d'autre part aux terres labourables, vn foffé entre-deux, d'vn bout en triangle aux prez de la Seigneurie d'Anthony & aux prez de l'Eglife de Vitry fur Seine, & d'autre bout à

Item, fept arpens deux perches & demie de pré, faifant triangle & hache, fcis en
ladite praire d'Anthony , entourée de plufieurs pieds de faulx, tenant à ladite piece cy-
deffus dite la Jaloufie, d'autre part vers Antony à plufieurs.

Item, fix arpens cinq perches & demie de pré, fcis en ladite prairie d'Anthony,
proche le pont & chantier dit le petit Chafteau parts, y compris mefme la piece du petit Chafteau parts, faifant haches & pointes triangulaire, tenant d'vue part à la riviere
dudit Antony & à plufieurs, d'autre part à la voye ancienne, de prefent poffedée par
Meffieurs de S. Germain des prez, Seigneurs dudit Antony, vn foffé entre-deux, d'vn
bout par haut à   & d'autre bout en pointe
à l'ancian verfoir de ladite riviere d'Antony.

Item, trois arpens quarante-une perches de pré fcituées proche & au bout dudit
Pont d'Anthony, & au devant de la maifon où pend pour Enfeigne le Cheval blanc dud.
Pont d'Anthony, appellée la piece du grand Chafteau parts, tenant d'une part & d'vn
bout à la riviere dudit Authony, d'autre part au grand chemin Royal, & d'autre bout
aux jardins appartenans à

Item, vn arpent & demy de pré fcis audit mefme lieu, dit la Foffe aux chevaux, tenant d'vne part à la grande borfle du milieu des prez, d'autre part aux prez de l'Egli-

ſe de Verrieres & à ladite Dame Mareſchalle Deffiat , d'vn bout par haut au ſieur de Sevre, & d'autre par bas à la piece cy-aprés du coſté de ladite Egliſe de Verrieres & à ladite Dame Deffiat, il y a à my reage une borne.

Item, vn arpent & demy de pré, ſitué au deſſous de la piece cy-devant declarée, tenant d'vne part audit ſieur de Sevre, duquel coſté il y a vne borne de grais, d'autre part au ſieur des Garennes & à la piece cy aprés declarée, d'un bout à la piece cy-devant declarée, & d'autre bout par bas audit ſieur des Garennes & autres.

Item, vn arpent de pré ſcis audit lieu cy-deſſus, tenant d'vne part à la piece cy-deſſus, d'autre part & d'vn bout aux prez dudit ſieur de Lionne, tenuë par ladite veuve Gervais Gallier, & d'autre bout à Madame Deffiat & le ſieur des Garennes.

Item, trois arpens ſept perches de terre en hache, ſcis audit terroir d'Anthony, lieu dit au deſſous de Tourvoye, tenans d'vne part aux terres dépendantes de la ferme du Pont d'Anthony, appartenantes à Monſieur de Lionne, d'autre part à pluſieurs en tournailles, d'vn bout au ſieur Dollet , d'autre bout à Maurice Poulin Bourgeois de Paris.

Item, trois arpens de terre, bornées de trois bornes de pierre, ſcis audit terroir, lieu dit au deſſus du bois de Tourvoye & proche iceluy, tenans d'vne part & d'vn bout à Monſieur Charlet, d'autre part au ſieur Dollet, & d'autre bout par haut aux terres de la ferme du Pont d'Antony.

Item, demy arpent de terre ſcis audit terroir, lieu dit proche le bois Charlet, tenant d'vne part & d'vn bout audit ſieur Charlet, d'autre part aux terres de Montaigu, d'autre part au ſieur Brayer.

Item, vn arpent dix-ſept perches de terre ſcis audit terroir d'Anthony, faiſant triangle vis à vis le clos de Berny, tenant d'vne part au chemin Royal de Paris à Orleans, d'autre au vieil chemin de Chartres, d'vn bout en pointe audit carrefour, d'autre bout par bas à

Item, trois arpens de terre faiſant hache triangulaire ſis audit terroir, & lieu cy-deſſus tenant d'une part à la piece cy-deſſus, d'autre coſté à la voye de la Plaſtriere allant dudit Anthony à Chaſtenay, d'un bout par haut au ſieur Garnier, & d'autre bout aux terres de la Seigneurie dudit Anthony & autres.

Item, trois arpens de terres faiſans hache, & pointe, non compris le chemin qui paſſe au travers de ladite piece ſcis au deſſus de la Tour, tenant d'une part à la Dame Maſon, d'autre aux ſieurs les Millets, d'un bout aux terres de l'Egliſe dudit Anthony & autres, & d'autre bout à la piece cy-deſſus.

Terroir de Macy.

PREMIEREMENT Un arpent quarante deux perches de terres ſcis au Terroir de Macy lieu dit les murs grangé, tenans d'une part & d'autre au ſieur de Franc-licu d'un bout au gaand chemin de Chattre, & d'autre bout à la voye Saint Marc.

Item, cinq quartiers de terre en hache ſcis audit Terroir lieu dit le Noyer doré, tenans d'une part à   d'autre part en hache aux hoirs Pierre Richer & autres, d'un bout ſur la voye ſaint Marc, & d'autre bout audit chemin de Chartres.

Item, trois arpens quatre-vingt deux perches & demy de terre ſcis audit Terroir lieu dit proche la ſaulſaye de Macy qui eſt ſur le grand chemin d'Orleaus à Paris, tenans d'une part vers Macy à   d'autre part à la voye qui tend deſdits ſaulſaye de Macy à Anthony appellée la voye du marché, d'un bout au grand chemin de Chartres à Paris, & d'autre bout à

Terroir de Vuiſſous.

PREMIEREMENT Trois quartiers huit perches & demy de terre ſcis au Terroir de Uviſous lieu dit ſur la voye de Montaval, & proche les murs de Monſieur Ferrand, tenant d'une part aux terres des Celeſtins de Marcouſſi, d'autre part au ſieur Brayer, d'un bout aux terres de l'Egliſe dudit Uviſous, & d'autre bout ſur la voye de Montaval.

Item, trois quartiers de terre ſcis audit Terroir de Uviſous lieu dit Marinat, tenant d'une part à la veuve, Maiſtre Claude Angoullian Receveur dudit Vuiſous, d'autre part au ſieur Herſan, & aux terre de l'Hoſtel-Dieu de Paris.

Item, quatre-vingt deux perches & demy de terre ſcis au Terroit de Vuiſous lieudit les pieces vers Loüans, tenant d'une part au ſieur Brayer, d'autre part à la Dame Morel d'un bout aux Eſdoits, & d'autre bout à pluſieurs.

Item, un arpens de terre ſcis au Terroir dudit Vuiſous lieudit le Cuchet de Loüans, tenans d'une part aux terre des Celeſtins de Marcouſſis, d'autre part aux terre de l'Hoſtel

Dieu de Paris, d'un bout audit fieur Ferrand, & d'autre bout à la voye Trefle.

Item, un arpens de terre fcis audit Terroir de Vuifous lieudit proche la Marre faint Denis, tenans d'une part à Monfieur de Beauvais, d'autre au fieur Herfan d'un bout à & d'autre bout aux terres de la Seigneurie dudit Vuifous.

Item, demy arpens de terre fcis audit Terroir de Vuifous lieudit le vieil moulin a vent vers le fantier de Coutain, tenant d'une part & d'un bout audit fieur Ferrand, d'autre part aux terre de Montaigu, & d'autre bout aux terre de la Seigneurie dudit Vuifous.

Item, trois quartiers & demy de terre fcis audit Terroir de Vuifous lieudit Champ-Buffin proche la voye allant à Paray : tenant d'une part aux terre de Montaigu, d'un bout à la veuve Maiftre Claude|Angoullian, Receveur dudit Vuiffous, d'un bout à la voye Crefle, & d'autre bout aux terre de la Chapelle faint Nicolas.

Item, demy arpens de terte au mefme Terroit lieudir prez Paray, tenans d'une part aux terre faint Marcel, d'autre part aux Celeftins de Marcouffis, d'un bout audit fieur Ferrand, & d'autre bout au chemin qui tend à Paray appellée la voye de la Iuftice.

Item demy arpent de terre fis audit Terroir lieudit les Carreaux verre Paray ; tenant d'une part audit fieur Ferrand, d'autre part audit fieur Brayer, d'un bout à ladite veuve Angoullian, & d'autre bout à

Item, demy arpens de terre fcis audit Terroir de Vuiffous lieudit Lecucheron, ou les petites vignes tenant d'une part audit fieur Ferrand, d'autre part aux hoirs Iean du Pref-foüer, d'un bout audit fieur Herfan, & d'autre bout aux terres de la Seigneurie dudit Vuiffous.

Item, demy arpent de terre fcise audit terroir de Vuiffous lieudit la foffe Maupin, tenant d'une part à ladite veuve Maiftre Claude Angoullian, d'autre part à d'un bout & d'autre audit fieur Herfan.

Item, un arpent de terre affis audit Terroir de Vuiffous lieudit la voye Marlande, te-nant d'une part & d'autre aux terres de l'Hoftel-Dieu de Paris, d'un bout à Monfieur Ferrand, d'autre bout à la voye Marlande.

Item, un quartier de pré fcis au Terroir de Vuiffous en la piece proche faint Ioix du cofté de Tornoye, tenant d'une part & d'autre aux prez des fieurs Celeftins de Marcouf-fis, & d'autre bout par haut aux terres de faift Medericq, d'autre bout par bas aux prez de Montaigu, auquel abboutiffant il y a deux bornes en terre.

Terroir du Bourg-la-Reyne.

PREMIEREMENT Trois arpens quatre-vingt quinze perches de terre affis au terroir du Bourg-la-Reyne lieudit au deffus du clos Landais, tenant d'une part à André Choifeau, d'autre part aux terres de la Cure dudit Bourg-la-Reyne, d'un bout au grand chemin Royal de Paris à Orleans, & d'autre bout à plufieurs, paffe au travers de ladite piece un chemin qui conduit à Arceüil.

Terroir de Sceaux.

PREMIEREMENT Demy arpent dix-fept perches & demy de terre fcis au terroir de Sceaux lieudit le haut Blegis, tenant d'une part à
d'autre part à   d'un bout par haut à
d'un bout par haut à
& d'autre bout par bas au fieur Auzannet.

Item, un arpent quatre perches fcis en ce mefme lieu & Chantier du Blegis, tenant d'une part à   d'un bout
a   & d'autre bout à

Terroir de Chailly.

PREMIEREMENT, neuf quartiers de terre fcis au terroir de Chailly, au lieu dit les Noües de Chailly, tenans d'une part & d'un bout audit Sieur Brayer d'autre part à Monfieur Ferrand, & d'autre bout par haut à plufieurs.

Item, quarante perches de terre fis audit terroir de Chailly, lieu dit proche & vis-à-vis la Roche des Bois, tenans d'une part à Pierre Petit Chirurgien à Longjumeau, d'au-tre part à Frrnçois de Feufte, d'un bout à la voye du Marché, & d'autre bout à plu-fieurs.

E

Terroir de Lay.

PREMIEREMENT, Deux arpens & demy dix-sept perches de terre, y compris les fossez estans autour, assis au terroir de Lay, lieu dit proche le bois du sieur Simonnet, tenant d'une part au chemin des prez, d'autre part à plusieurs, d'un bout vers ledit bois à François Comiré, & d'autre bout audit sieur Simonet.

Item, cinq arpens & demy quartier de terre en hache, y compris les dix pieds de long qui ont esté retirez sur la terre des Rioust, assis proche les hayes du Clos dudit Berny, autrement dit la Fontaine grelote, tenant d'une part au fossé dudit Clos, borne entre deux, d'autre part aux hoirs Rioult, d'un bout à la voye des Patis, & d'autre bout à

Item, sept arpens de terre audit terroir de Lay au bout de la grande piece de Berny, tenant d'une part au surplus de ladite piece, d'autre à
d'un bout audit sieur de Lyonne, & d'autre part aux prez.

Terroir de Rongy.

En un sur arpent & demy de terre en triangle scis au terroir de Rungy au lieudit sur la voye tendant de Vuissous à Chevilly y tenant d'une part, d'autre & des deux bouts aux terres des Messieurs de sainte Genviéve.

Terroir de Chastenay

PREmierement, deux arpens soixante-dix perches de terre en Hache triangulaire assis au terroir de Chastenay, lieu dit Merinorte, tenant d'vne part en triangle à la voye des prez, duquel costé il y a plusieurs pieds de saulx ; d'autre part aux terres de la Seigneurie d'Anthony, d'vn bout par haut à
& d'autre bout par bas au pré de mondit sieur de Lionne, tenu par la veuve Gallier.

Item, deux arpens soixante-douze perches de terre, faisant Hache, assis au terroir dudit Chastenay, lieu dit les prez de Manche, tenant d'vne part au ruisseau de la Fontaine aux Porcs & ausdits prez de Manche, d'autre part aux vignes de plusieurs, d'vn bout par bas à la veuve Bouguenet, & d'autre bout haut à la veuve de Nicolas Benoist.

Item, cinq quartiers de terre, scis audit terroir de Chastenay, lieu dit l'Aulnois Courtois, tenant d'vne part à la terre tenuë par Hierosme Benoist, d'autre part en tournailles tant à le piece cy-aprés declarée qu'autres, d'vn bout par bas au sieur de Lionue, & d'autre bout par bas au ruisseau.

Item, vn arpent quatre perches de terre scis audit terroir & mesme lieu, tenant d'vne part à
d'autre part à
d'vn bout à la piece ci-dessus, & d'antre à la petite voye du Chastenay.

Item, demy arpent de terre scis au terroir dudit Chastenay, chantier du Noyer au Loup, tenant d'vne part à
d'autre part à
d'vn bout par haut & par ci-dessus & d'autre bout vu ruisseau des Fontaines dudi Chastenay.

Item, quatre vingt trois perches de pré scis au terroir de Chastenai, lieu dit les prnz de Maache, tenant d'vne part à Gervais Bion, d'autre part à plusieurs, & d'vn bout à
& d'autre bout à

Item, quinze perches de terre, scis au terroir de Chastenay, au bout de la grande piece de Berny, tenant d'vne part au surplus de ladite grande piece, d'autre à
d'vn bout par haut au grand chemin pavé, & par bas audit sieur de Lionne.